तलाश ए एहसास

तानिया नारंग

Copyright © Tania Narang
All Rights Reserved.

"हमारे जीवन में कोई एक व्यक्ति ऐसा आवश्य होता है,

जो हमारे जीवन का सबसे अच्छा हिस्सा होता है।

यह पुस्तक उस व्यक्ति को समर्पित है,

जिसने मुझे हमेशा कुछ अलग करने के लिए प्रेरित किया है।"

क्रम-सूची

क्रम-सूची

क्रम-सूची

प्रस्तावना

यह पुस्तक प्रेम कविता का संग्रह है। पुस्तक की गुणवत्ता यह है, कि इसमें प्रेम जीवन का रस है। इस पुस्तक की कविताओं में प्रेम, दिल टूटने, अलगाव, चिंता और किसी को खोने का भय और अन्य विभिन्न भावनाओं की जड़ें हैं।

यह सार्वभौमिक भावनाओं को व्यक्त करता है, जो क्षेत्रों और जाति की सीमाओं के पार अनुभव किया गया है।

"एहसासों को तलाशने की चाह में,
खुद के वजूद को गवा दिया हमने।"
- तानिया नारंग

पावती (स्वीकृति)

आमतौर पर हम जब भी कोई काम करते है, उसमें किसी न किसी की हिस्सेदारी ज़रूर होती है। मेरी इस पुस्तक को भी पूरा करने में बहुत से लोग सहायक बने है। मैं हर उस शख्स का शुक्रिया अदा करना चाहती हूं, जिन्होंने इस पुस्तक को पूरा करने में धैर्य और संयम से मुझे प्रेरणा दी है।

अंत में, मैं "नोशन प्रैस" की भी शुक्रगुज़ार हूं, जिन्होंने अपनी मेहनत और लगन से इस पुस्तक के प्रकाशन को सफ़ल बनाया है।

आगाज़ ए इश्क़

1. तलाश ए एहसास

खुले आसमान में,
तारों की छाव में,
तुम आगाज़ जाना मेरा,
मैं अंजाम बन जाऊंगी।

तेरे इश्क़ का दीदार कर,
कहीं तुझमें ही खो जाऊंगी।

तुम वजूद जोड़ देना अपना मुझसे,
मैं तेरी होकर तुझमें ही बस जाऊंगी।

तुम इश्क़ ए आगाज़ बनाना मेरा,
मैं अंत तक इश्क़ को निभाऊंगी।

जो हमराही बनो कभी तुम मेरा,
मैं मंज़िल तक भी तुझे पहुंचाऊंगी।

तुम्हें दूर से चाहते हुए अरसा हो गया,
अब मिली तो फिर तुझमें ही खो जाऊंगी।

तुम जो बनो एहसास ए इश्क़ मेरा,
मैं उस इश्क़ को अंजाम तक लाऊंगी।

जो तलाश ए एहसास मुकम्मल हो मेरा,
मैं जशने ए आगाज़ बन आऊंगी।
मैं जशने ए आगाज़ बन आऊंगी।।

2. हर्फ़ ए मोहब्बत

प्रेम ही तो जीवन का आधार बन जाता है,
जब तेरा नाम मेरी जुबां पर आता है।

हर लम्हा ख़ूबसूरत सा हो जाता है,
जब तू मुझे प्यार से पुकारता है।

खुशनूमा सा लगता है,
हर पल मानो जैसे,
हर शाम ढल कर,
खुशियां चुनती हो जैसे।

प्रेम ही तो है हर लम्हें में,
जो संग तेरे बिता जाऊं मैं,
मगर एहसासों को समझो,
तो जान जाऊं मैं।

ना जाने क्यूं झगड़ते है,
हम दोनों ऐसे,
और न जाने...

क्यूं तुझी में सिमटी है,
मेरी रूह जैसे।

हर्फ़ ए मोहब्बत ने तुझे चुना है,
मेरी शायरी के लफ़्जों में,
मेरी तो हर सांस ने तुझे चुना है,
मेरी ज़िन्दगी के लिए।

3. मैं नज़्म

कुछ लिखूं तेरे बारे में,
कुछ सुनूं तेरे बारे में..

कुछ प्यार जताऊं
कभी गले से लगाऊं...

कभी चुपके से आकर,
तुझे रातों में जगाऊं...

कुछ किस्से सुनाऊं,
कुछ सुनती जाऊं...

कभी मुलाकातें बढ़ाऊं,
कभी तुमसे मिलने आऊं...

कुछ नगमे तुम्हें सुनाऊं,
कुछ लम्हें तुम संग बिताऊं...

कभी तेरे ख़्वाब में आऊं,
तुझे देखती जाऊं...

कुछ देर पहले चुपचाप थे,
कुछ देर पहले अनजान थे...

कभी बातों में बात सुनाऊं,
कभी बातों में इज़हार जताऊं...
कुछ पल ही सही तुझे रूह में बसाऊं,
कुछ पल ही सही तेरे दिल में घर बनाऊं...

कुछ लिखूं जो तेरे बारे में,
वो पहेली बनाऊं...

तू सुलझाए उसे जो,
मैं नज़्म बन आऊं...

4. जो खोला ख़त उसके प्यार का

ख़त लिखा था जो उसने मुझे,
उसे खोलते ही एक अजीब एहसास हुआ,
दिल की धड़कनें भी तेज़ हुई,
आंखों में जैसे वो एक ख़वाब हुआ।।

ख़त को जब मैं पढ़ने बैठी,
चुपके से मेरी वो आवाज़ हुआ,
फिर आहट भी हुई उसके आने की,
मानो दिल को उसका एहसास हुआ।।

जो खोला ख़त उसके प्यार का,
उसमें लिखा बस मेरा नाम हुआ,
मैं तलाशती रही उसके चेहरे को उसमें,
मगर वो तो मेरी आंखों का काजल हुआ।।

दिल में हलचल होने लगी,
ये दिल फिर उसके लिए बेचैन हुआ,
जो तलाश ख़त्म हुई उसको पाने की

फिर...
वो मेरे ख्यालों का राजकुमार हुआ।
वो मेरे ख्यालों का राजकुमार हुआ।।

5. प्यार है इन रंगों में

कितना प्यार है इन रंगों में,
रिश्तों की तरंगों में,
धूप है छाव के संग,
आंखों में बरसात है जैसे हंसी के संग।।

धीमी धीमी आंच है,
प्यार की बौछार है,
यादें भी सिमटी है,
इन प्यार के रंगों के संग।।

बारिश जब भी आती है,
इंद्रधनुष दे जाती है,
निशा अपना छोड़ कर,
फिर दूर चली जाती है हवा के संग।।

कुदरत के अजीब है रंग,
बारिश भी बरसे धूप के संग,
फिर कभी धूप भी निकले पवन के संग।।

अजीब तकरार है इन प्यार की रंगों में,
खुशनूमा बहार हो जैसे,
इन सतरंगी रंगों में।
इन सतरंगी रंगों में।।

6. दस्तक किसी की

मेरे दिल की खिड़की पर,
आज एक दस्तक हुई है,
ख़ामोशी थी जिसमें,
आज उसमें हलचल हुई है।

कुछ एहसास हुआ है,
किसी के होने का,
शायद उससे मुझे,
मोहब्बत हुई है,
आज दिल में हलचल सी हुई है।

मनो किसी की दस्तक हुई...

मेरे दिल की खिड़की पर,
उसकी दस्तक हुई है,
जो गुम सी गई थी हंसी,
उससे मुलाकात हुई है,
आज दिल में हलचल सी हुई है।

कई मुद्दतों के बाद खुद से मुलाकात हुई है,
इस ख़ामोशी भरी शाम में,
पंछियों की चहचहाट हुई है,
आज नई सी दिल में हलचल सी हुई है।

मनो किसी की दस्तक हुई...

7. सिलसिला

वो सिलसिला लिखने बैठे थे हम,
हर लम्हा सींचने बैठे थे हम,
मैं देखती रही उसे दूर बैठे हुए,
यूहीं सब राज़ फिर खुलते गए,
हम तुम जो कभी,
क़रीब भी न आए,
फिर भी अफसाने हम बुनते गए...

वो समंदर की तरह,
मैं उसकी इक लहर,
हर लम्हा साथ चलते गए,
हर नज़्म हम संग लिखते गए,
दूर बैठे हुए भी हम,
फिर भी अफसाने बुनते गए...

फिर आधी रात हुई,
मानो धूप में बरसात हुई,
इंद्रधनुष जैसे...
उसकी वो वादों वाली रात हुई,
सवेरा होते ही फिर,
पंछियों से बात हुई,

क़रीब न आए थे हम,
फिर भी अफसानों सी रात हुई...

वो पर्वत सा ऊंचा था,
मैं राही अंजान थी,
उन राहों में मैं,
थम चुकी तूफ़ान थी,
मिल कर भी जो मिल न पाए,
मैं ऐसी अफसानों सी रात थी...

यूहीं सिलसिला चलता रहा,
बहुत समय हर पल बीतता रहा,
फिर एक दिन अचानक,
उसकी आवाज़ आई,
जैसे उसने मुझे पुकार लगाई,
फिर अफसानों वाली रात आई...

8. बंधन

ये बंधन जो तुमसे जुड़ा है,
ये प्यार जो तुमसे मिला है,
ये वादे ये कसमें तेरे मेरे बीच की,
प्रेम की प्रीत की।

ये प्रेम ही प्रीत है,
तू मेरे मन का मनमीत है,
ये रीत बड़ी ही अज़ीज़ है,
फिर भी मेरे दिल के क़रीब है।

दिल के क़रीब है तू,
तू रूठे मैं मना लूँ,
तू हंस दे तो मैं मुस्कुरा दूँ।

तेरी मुस्कान से ही मेरा घर है,
ये नाता जो जन्मों का सफ़र है,
ये प्यार जो बिना किसी शर्त है,
मेरे दिल में अजीब हलचल है।

ये हलचल जाने क्यूं अज़ीज़ है,
ये रीत न जाने क्यूं बड़ी ही अजीब है,
जिसमें इक रांझा इक हीर है,
कोई मिलता है तो कोई बिछड़ता है,
यही तो प्रेम है,
यही तो प्रीत है।।

9. ख़ूबसूरत ख्वाहिश

जन्मों के वादे नहीं मांगती मैं तुझसे,
बस इस जन्म में साथ निभा देना।

चांद तारों की ख्वाहिशें नहीं है मेरी,
तारों की छाव में हाथ थाम लेना।

न ख्वाहिशें महंगें तोहफों की,
बस यूहीं हर रोज़ तुम मुस्कुरा देना।

रूठ जाओ जो कभी किसी मेरी बात से,
तो एक बार मुझे बता देना।

तेरा दूर जाना गवारा न होगा मुझे,
तो जाने से पहले बता देना।

बस वादा इतना चाहते है तुझसे,
हर लम्हें को खुशियों से भर देना।

तू ख़ूबसूरत ख़्वाहिश है मेरी ज़िन्दगी की,
हर लम्हें में मुझे ही बसा लेना।
हर लम्हें में मुझे ही बसा लेना।।

10. खुले आसमान के तले

खुले आसमान के तले,
कहीं दूर गगन में उड़ जाऊं मैं।

उस ऊंचे गगन के तले,
इक नया घर बनाऊं मैं।

आसमान की ख़्वाहिश लिए,
हर लम्हा ऊंचा उड़ती जाऊं मैं।

जो हो जाऊं कभी अकेली कहीं,
तो नये सफ़र को तलाशती जाऊं मैं।

हर राह गुज़र फिर आसान भी होगी,
जो हर क़दम सही उठाऊं मैं।

आसमान को पाने की चाह नहीं,
बस एक दफा उसे छूना चाहूं मैं।

उस नीले रंग के गगन को,
हर किस्से में लिखना चाहूं मैं।

जिसे छू कर भी मैं छू न सकू,
इक ऐसी ही तस्वीर बनाऊं मैं।

खुले आसमान में बादल की छाव में,
कहीं गुम सी फिर हो जाऊं मैं।

सफ़र ए अनजान

11. इश्क़ सफ़रनामा

इश्क़ ऐसा मुकमल हुआ की कोई जिद्द न रही,
उसके चले जाने के बाद ये ज़िन्दगी ज़िन्दगी न रही,
कुछ पल खुशियों के लेकर ज़रूर आया था वो,
उसके जाते ही मेरी झूठी मुस्कान भी मेरी न रही।

हुआ यूं था की वो सामने था मेरे,
हम तन्हा सामने थे उसके,
वो चुपके से आया और हाथ थाम कर कहने लगा,
क्या ज़िन्दगी बनोगे तुम हमारी ज़िन्दगी भर के लिए,
हमने मुस्कुराते हुए कहा क्यूं नहीं,
जो झूरियों को चूमने का वादा तुम करो,
तो अंत तक साथ निभाऊंगी,
अगर हो सकेगा तो तुमसे पहले ही मैं मर जाऊंगी।।

कहानी यूं शुरू हुई,
कुछ वादे हुए कुछ कसमें भी हुई,
प्यार बढ़ा कुछ रस्में भी हुई,
प्यार फिर धीरे धीरे नफ़रत में बदला,
और धीरे धीरे उस रिश्ते में कुछ न बचा,
एक डगर फिर ऐसी भी आई,
कि अब पहचान भी ना पाते है,

जो साथ मरने के वादे करते थे,
अब इक दूजे के मरने की दुआ करते है।।

वो प्यार जो कभी मुकम्मल हुआ करता था आज बेतार
सा हो गया है,
वो प्यार जो कभी सबकी नज़रों में सच्चा हुआ करता
था,
आज इस दिल फरेबी दुनिया में फरेबी हो गया है।।

वो सच्चा था या झूठा हम सच्चे थे या झूठे,
कुछ ख़बर कहां है किसी को,
मगर दिल की धड़कने नाम आज भी उसी का लेती है,
आंखें जब भी बंद करे तो ख़्वाब उसी का लेती है,
ये तन्हा रातें जब याद उसको करती है...
तो उसकी याद आंखों में आसूं भी देती है।।

न अब कोई गले लगाता है न कोई प्यार जताता है,
झूठा ही सही था मगर अब न कोई बेवफ़ा दिल लगाता
है,
वो प्यार जो कभी मुकम्मल हुआ करता था,
आज के ज़माने में अब वो अधूरा कहलाता है...
इस दिल फरेबी दुनिया में
अब इश्क़ सफ़रनामा अधूरा कहलाता है...

12. जान से अनजान

जान कर भी अनजान बन जाए,
अब तू ही बता क्या किया जाए।

तू दिल है या है धड़कन फिर मेरी,
अब तू ही बता क्या मान लिया जाए,
या जान कर भी अनजान बन लिया जाए...

बड़ी ख़बरें उड़ती है तेरी आजकल
किसी के होने की बात चलती है आजकल।

अब तू ही बता सच मान लिया जाए
या झूठ तुझे बता दिया जाए,
चल छोड़...
जान कर ही अनजान बन लिया जाए...

कुछ लम्हें बुन लिए जाए,
या फिर रास्ते में ही छोड़ दिए जाए।

सुना है कि तू हर रोज़ गुजरता है,
उसी राह से आज भी,
अब तू ही बता वही मिल लिया जाए,
या फिर उस रास्ते से मुंह मोड़ लिया जाए...

कैसे चलती तेरी ज़िन्दगी मेरे बिना,
ये सोचती हूं आज भी।

फिर सोचती हूं की सोच से निकल दूं,
फिर सोचती हूं...
चल आज एक दफा तुम्हें सोच लिया जाए...
चल आज फिर...
जान से अनजान बन लिया जाए...
जान से अनजान बन लिया जाए...

13. मेरा दिल

मेरा दिल...
न जाने क्यों परेशान सा हैं,
थोड़ा भूल गया थोड़ा याद सा हैं।

मेरी आंखों में ख़्वाब बन कर आते हो तुम,
फिर न जाने क्यूं हमारा ये रिश्ता विरान सा है।

शायद ये प्यार नहीं सिर्फ मन का वहम सा है,
अच्छे लगते हो तुम मुस्कुराते हुए मुझे,
चाहे मेरा चेहरा तेरे न होने से वीरान सा है।

तेरी उस एक आवाज़ को आज भी सुनती हूं,
चाहे तू पुकारे या न पुकारे,
तेरे ख़्वाब मैं आज भी बुनती हूं।

यकीन है तू लौट कर ना आएगा,
मगर तेरे इंतजार में आज भी वही खड़ी हूं,
मंज़िल बन गया था मेरी... अब रास्ता भी ढूंढ़ती हूं।

कहीं न कहीं आज भी तुझे ही ढूंढ़ती हूं,
थोड़ा भूल गई हूं तुझे.. थोड़ा याद भी रखती हूं,
मेरा दिल आज भी तेरे सुंदर ख़्याल बुनती हूं।
मेरा दिल आज भी तेरे सुंदर ख़्याल बुनती हूं।।

14. होंठों पर ठहरी कहानी हूं मैं

आसमां में घुल कर,
बारिशों की तरह...
जो झर भी न पाई,
ऐसी बारिश हूं मैं...

तेरे होंठों पर ठहरी,
इक कहानी हूं मैं...

पर्वतों से निकली
झील हूं मैं,
आसमां में घुलती
पवन के जैसे...
तुझे छू भी न पाई
ऐसी बंदिश हूं मैं...

तेरे होंठों पर ठहरी,
इक कहानी हूं मैं...

पतझड़ के मौसम,
सुर्ख गुलाब सी हूं मैं...
जो पूरी न हो सके,
ऐसे ख़्वाब सी हूं मैं...

तेरे होंठों पर ठहरी,
इक क़िताब सी हूं मैं...

जो लिख कर बयां,
न हो पाई...
ऐसी नज़्म हूं मैं,
थोड़ी चुलबुली सी...
थोड़ी मासूम हूं मैं...

तेरे होंठों पर ठहरी
इक कशमकश सी हूं मैं...

15. तेरे दिल की पनाह में

इक शाम गुज़ारूं,
तेरे दिल की पनाह में,
तू ख़्वाब बन कर आए,
फिर उस आधी रात में।

तेरे दिल की पनाह में....

तेरी बाहों में खोकर ख़ुदकर,
बस जाऊं मैं तुझमें,
तू नींद से मुझे जगाए,
फिर उस आधी रात में।

तेरे दिल की पनाह में....

कशिश तेरे प्यार की,
हर पल मुझे सताए,
तू हर रोज़ मुझसे मिलने आए,
फिर उस आधी रात में।

तेरे दिल की पनाह में....

तू दूर है मुझसे अब,
पर ख़्वाब में आकर,
मेरा हो जाए,
फिर उस आधी रात में।

तेरे दिल की पनाह में....

तेरे प्यार पर भी प्यार है,
तेरे इनकार में भी इकरार है,
तू मुझे हर बार यही बताए,
फिर उस आधी रात में।

तेरे दिल की पनाह में....

इक शाम जो गुजारूं मैं,
तेरे दिल की पनाह में,
तू ख़्वाब बन कर मेरा हो जाए,
फिर उस आधी रात में।

तेरे दिल की पनाह में....

16. दिल की तिज़ोरी

मेरे दिल की तिज़ोरी,
न खाली...
न भरी...
सासों का भार है जिसपे,
सपनों की पतवार है,
टूटे दिल के तार है।

ये सासों की वो लड़ी...

सपनों की तलाशी है,
मेरी आखों की ज़ुबानी है,
कुछ उलझी है...
कुछ सुलझी है..
सांसों पर क्यूं भारी है।

ये ख्वाबों की वो लड़ी...

मेरी धड़कन की आवाज़ है,
तू दूर है...

या पास है...
मेरी सांसों की डोर पर,
सिर्फ़ तेरा ही नाम है।

ये धड़कनों की रफ़्तार है...

नाव है जीवन की,
समन्दर में पतवार है,
मेरी आंख के हर ख़्वाब में,
तेरी ही तलाश है।

ये ख़्वाबों की तलाश है...

कुछ रिश्तों की तलाश है,
कुछ अपने है...
कुछ खास है...
मेरे दिल की तिज़ोरी में,
तेरा दिया गुलाब है।

मेरे दिल की तिज़ोरी में...

17. हिस्सा कहें या किस्सा कहें

सुनो...
नज़रे चुरा रहे हो हमसे,
सुनो... क्या कुछ दिल में छुपा रहे हो हमसे,
बहुत खूबसूरत सी शाम लगती है तुम्हारे साथ,
अच्छा बताओ फिर कब मिलने आ रहे हो हमसे।।

कुछ सुना है कुछ लिखा है,
न जाने कौन सा तेरा हिस्सा है,
तू दिल भी है तू ही धड़कन मेरी,
मेरी ज़िन्दगी में तो सिर्फ तेरा ही हिस्सा है।।

हम दूर हुए थे कभी यकीनन,
मगर सच है कि पास थे हम,
शाम बिता कर तेरे साथ प्यार भरी,
कुछ लम्हें गुज़ारे थे फिर तुम बिन।।

बहुत किस्से है हमारी कहानी के,
उसमें सब हिस्से है तुम्हारी ज़बानी के,

तुम शाम हो तो मैं सुबह भी,
तुम सूरज हो तो मैं रोशनी भी।।

सुनो मिलने आना तुम फिर हमसे,
वही किस्से दोहराना फिर तुम हमसे,
अच्छा चलो अब तो बता दो,
कि फिर...
कब आओगे मिलने हमसे....

18. ख़ामोश इल्तिज़ा

न जाने क्यूं रास आने लगी है ये तन्हाईयां,
चुपके से मेरे साथ मुस्कुराने लगी है ये तन्हाईयां,
कभी अपनी तो कभी पराई है,
कभी भीड़ में भी तन्हाई है,
समझ नहीं आता...
कि क्यूं है ये तन्हाईयां।।

ख़ामोश भी रहती है, कभी शोर मचाती है,
दिल को अन्दर ही अन्दर खा सी जाती है...
ये तन्हाईयां....
कभी किसी मोड़ पर तो,
कभी किसी चौराहे पर,
न जाने...
क्यूं मिलती है ये तन्हाईयां,
समझ नहीं आता...

कि क्यूं है ये तन्हाईयां।।

अकेले में मिलती है, फिर रातों में जगाती है,
तारों की छांव में तेरी याद दिलाती है,

कभी चेहरे पर मुस्कान तो कभी आँखों में आंसू दे जाती
है,
ये तन्हाईयां...

समझ नहीं आता...
कि क्यूं है ये तन्हाईयां।।

19. मुझसे मिलने आएगा

जाने अब कब मौकाम आएगा,
मेरे होंठों पर तेरा नाम आएगा,
दिल की बस्ती भी खाली हो गई है,
न जाने...
अब कब उसमें तू फिर से रहने आयेगा।।

कोई तो लम्हा होगा जब,
दिन नया चढ़ ही जायेगा,
इक दिन तो आख़िर,
मेरी तरह तू भी थम ही जाएगा,
न जाने...
अब कब उसमें तू फिर से रहने आयेगा।।

जब देखूंगी अपने दिल की बस्ती खाली,
उसमें लिखा तेरा ही नाम आएगा,
तू हौंसला है मेरा,
यकीनन... इक दिन टूट ही जाएगा,
न जाने...
अब कब उसमें तू फिर से रहने आयेगा।।

मेरे दिल की बस्ती जब तुम वीरान होगी,
उस दिन दिन फिर ढल ही जाएगा,
बसंत में पतझड़ खिल ही जाएगा,
न जाने...
अब कब उसमें तू फिर से रहने आयेगा।।

दिल की बस्ती में जब तेरा नाम आएगा,
अंधेरी रातों में फिर उजाला जगमगाएगा,
शाम के ढलते ही फिर चांदनी मुस्कुराएगी,
शायद..
उसी दिन तू मुझसे मिलने आएगा....

20. इक चेहरा ख़ामोश सा

इक चेहरा ख़ामोश सा चुपके से चला आता है,
कभी ख़्वाबों तो ख्यालों में हर रोज़ आकर सताता है।।

इक चेहरा ख़ामोश सा...

जाने क्या कहना है उसे मेरा दिल जान नहीं पाता है,
वो चेहरा ख़ामोश कोई इल्तिज़ा कर जाता है,
चुपके से आकर फिर रातों में मुझे जगाता है।।

इक चेहरा ख़ामोश सा...

न जाने क्या रिश्ता है हम दोनों में ये मेरा दिल भी
समझ नहीं पाता है,
ख़ामोश रह कर रोज़ तकती हूं उसे तो एक धुंधला सा
चेहरा बन जाता है।।

इक चेहरा ख़ामोश सा...

शायद मोहब्बत है उसे भी मुझसे हर पल यही कहता है,
ख़ामोश सी मेरी ज़िन्दगी में उसका चेहरा सा बन जाता
है,
इश्क़ है मुझे भी उससे हर लम्हा यही कहता है।।

इक चेहरा ख़ामोश सा...

कहीं दूर आसमान में फिर,
इक आशियाना सा बन जाता है,
वो चेहरा जो ख़ामोश सा है,
न जाने क्यूं दिन ढलते ही चला आता है,

इक चेहरा ख़ामोश सा...

शाम ए तन्हाई

21. तन्हाई भरी शामें

इक तेरा ही सजदा करूं,
तन्हाई भरी शाम में...

जैसे काहना कहीं बंसी बजाए,
दूर कहीं किसी बाग में...

मैं भी दौड़ी चली आऊं,
जैसे राधा मिले श्याम से...

ये उम्र मेरी बीत जाए,
तेरे इंतज़ार में...

हर गली में तेरा नाम पुकारूं,
जैसे मीरा फिरे हर गांव में...

इक तेरा ही नाम सुनूं मैं,
हर अनसुनी सी बात में...

हर किस्सा मैं सुनाऊं तेरा,
हर नज़्म के अंदाज़ में...

मोर जैसे पंख फैलाए,
दूर किसी गांव में...

जैसे हर शाम कोई सुहानी बनाए,
उस अजनबी से शहर में...

इक तेरा ही सजदा मैं करूं,
हर पल के इंतज़ार में...

हर तन्हाई भरी शाम में...
हर तन्हाई भरी शाम में...

22. तेरी उलझी सुलझी यादें

उलझ सी गयी है यादें तेरी,
कब आती है कब जाती है,
आते जाते कभी आँखों में नमी,
तो कभी होठों पे हँसी दे जाती है।।

बड़ी ही मुश्किल सी लगती है मानो हंसी जैसे,
तेरी उलझी हुई यादों सी लगती है हंसी जैसे,
तुझे देख लूँ एक दफा तो मुस्कुरा देती है मेरी रूह जैसे,
कभी होठों से तो कभी आँखों से बयां करती है हंसी
जैसे।।

उलझी हुई यादों के दायरे भी बड़े अजीब है,
बयां हो जाये तो सब कुछ दोहरा जाती है,
और जो रुक जाए बीच कहीं तो,
अश्कों से भर जाती है।।

सोचती हूँ कभी कभी,
सोचती हूँ कभी कभी कि...
तेरे यादों को समेट कर मैं तुझ में ही कहीं खो जाऊं,
तेरी इन उलझी यादों को लेकर तुम्हारी बाजुओं में सो

जाऊं।।

तेरी उलझी सुलझी यादों में जब मैं खो सी जाती हूँ,
उन उलझी हुई यादों में फिर खुद को ढूंढ भी नहीं पाती
हूँ।।

सोचती हूँ,
सोचती हूँ कि... भूल जाऊं तुझे ता उम्र के लिए,
फिर सोचती हूँ कि तेरे ख्याल ही ज़िन्दगी हैं अब
ज़िन्दगी भर के लिए,
कि तेरे ख्याल ही ज़िन्दगी हैं अब ज़िन्दगी भर के
लिए....

23. ज़ज़्बात और अल्फ़ाज़

कुछ पल के लिए हम थम से गए थे,
फिर तेरे नाम से
संभल गए थे...

फिर याद आया तेरा वो झगड़ना,
उस झगड़े की उलझन में,
उलझ हम गए थे...

उलझे हुए तेरे प्यार के सहारे से,
कुछ हंस कर तो
कुछ रो कर...
दिन रात हमने गुज़ारे थे

उस झगड़े की उलझन में,
उलझ गए जज़्बात हमारे थे...

जज़्बात मिलते जुलते,
न जाने फिर क्यूं हमारे थे,
फिर न जाने क्यूं...

रिश्ते टूटते हमारे थे

न सुलझने वाले ये दिल जो हमारे थे,
जिसमें हम तुम टूट गए,
वो लफ़्ज़ हमने फिर देर रात,
डेयरी में उतारे थे...

जो उतराने लगे हम
लफ़्ज़ों को डेयरी में,
कुछ एहसास हमने फिर
तेरे नाम से जाने थे...

वो सुलझे जवाब उलझे सवाल,
न जाने कैसे वो सब तुम्हारे थे...

वो आईने में बंद जज़्बात और अल्फ़ाज़,
न जाने क्यूं दोनों ही,
दिए तुम्हारे थे...

24. तन्हा सा रास्ता

तन्हा सी ज़िन्दगी में तन्हा सा सफ़र है,
न शब्द मिलते है, न एहसास मिलते है,
हम अपने ही ख़्वाबो की तलाश में मिलते है।

वो सफ़र अंजान सा हो गया है अब,
जिसमें तेरे मेरे जज़्बात मिलते है,
तन्हा सी ज़िन्दगी का तन्हा सा सफ़र है,
जिसमें हम तुम दिन रात मिलते है।

दिल मुश्किल में रहता है हर पल ये कहता है,
था कभी तू मेरा अब जुदा सा रहता है,
जो दिल में था कभी अब दिमाग में रहता है,
तन्हा सी ज़िन्दगी में तन्हा दिल रहता है।

कभी शाम ढलती है, कहीं लोग तन्हा मिलते है,
फिर सुबह होती है फिर ख़ुद ही मुस्कुराते है,
इस तन्हाई भरी ज़िन्दगी का बोझ ख़ुद ही उठाते है,
इन तन्हाई भरे रास्तों पर फिर ख़ुद को ही तलाशते है...
इन तन्हाई भरे रास्तों पर फिर ख़ुद को ही तलाशते है...

25. क्या तुम मुझे ढूंढते हो

क्यूं हर रोज़ तुम मेरी आंखों में सजते हो,
धड़कन बनकर मेरी रूह में बसते हो,
न तुम सोते हो,
न मुझे सोने देते हो...

क्यूं तुम मेरी आखों में ख़्वाब बनकर सजते हो।

यूं लगता है..
बसे हो कहीं दिल में तुम,
दिल के ज़रिए तुम सासों में बसते हो,
तुम ही बताओ तुम नींद में सजते हो,
या....
ख़्वाबों में सजते हो..

क्यूं तुम मेरी आंखों में काजल बनकर सजते हो।

क्या सारे रंग तुम्हारे है,
या...
मेरे भी रंग रखते हो,

इंद्रधनुष की तरह तुम,
आसमान में सजते हो...

क्यूं तुम मेरी आखों में अश्क बनकर सजते हो।

शाम से तुम शाम चुरा कर,
थोड़ा सवेरा भी रखते हो,
या...
रात के अंधेरें में तुम,
जुगनू की तरह जगते हो...

क्यूं तुम मेरी आखों में नींद बनकर सजते हो।

तन्हाई भरी रातों में तुम,
क्या मेरी तरह जगते हो,
या...
मेरी तरह तुम भी
रातों में मुझे ढूंढते हो...

क्यूं तुम मेरी आखों में तन्हाई बनकर सजते हो।

26. जो बैठो कभी तुम पास मेरे

जो बैठो कभी तुम पास मेरे...
कुछ किस्से सुनूं तो कुछ कहानियां भी सुनाऊं मैं...
तुम्हें पास में बैठा कर फिर दिल में सजाऊं मैं...
तुमसे कभी फिर तुम्हीं को चुराऊं मैं...

जो बैठो कभी तुम पास मेरे...

तो....
अपने अधूरे ख्यालों को तुमसे मिलाऊं मैं...
जो जाओ कभी दूर तुम तो पास चली आऊं मैं...
फिर रूह में बसा कर तुझे...
तुझी को चुराऊँ मैं...

जो बैठो कभी तुम पास मेरे...

तो...
सपनों सा इक घर बनाऊं मैं...

तेरे ख्यालों में खुद को इक तार कर..
तुझी में मिल जाऊं मैं...

जो बैठो कभी तुम पास मेरे...

तो...
रूह में तुझे बसाऊं मैं...
जाने में या फिर अनजाने में...
तुमसे ही तुमको चुराऊं मैं...
जो चाहो कभी दूर होना तुम...
तुमसे पहले ही दूर हो जाऊं मैं...

जो बैठो कभी तुम पास मेरे...

27. मैं तन्हा नहीं तेरी तरह

तेरी यादों का दरिया बहता है कुछ इस तरह,
कि तुझे देखने को जी चाहता है फिर कुछ उसी तरह...

तेरी मेरी प्रेम कहानी है कुछ इस तरह,
कि तू दूर तो है मुझसे...
मगर मैं तन्हा नहीं तेरी तरह....

बसर करती है यादें तेरी,
हर लम्हें में कुछ इस तरह,
कि तू दूर तो है मुझसे...
मगर मैं तन्हा नहीं तेरी तरह....

कभी मुमकिन हुआ तो मिलेंगें,
फिर उसी मोड़ पर,
हर लम्हें को जीयेंगे,
फिर उसी तरह,
कि तू दूर तो है मुझसे...
मगर मैं तन्हा नहीं तेरी तरह....

यादों के परिंदों को संजों कर बैठी हूं,
उसी तरह...
तेरी हर झूठी कहानी को,
सच की माला में पिरो कर बैठी हूं उसी तरह,
कि तू दूर तो है मुझसे...
मगर मैं तन्हा नहीं तेरी तरह....

समझा था जिसे हमने दुनिया से भी ज़्यादा,
धोखा दिया है तुमने उन्हीं की तरह...
कि तू दूर तो है मुझसे...
मगर मैं तन्हा नहीं तेरी तरह....

28. लौटा दो वो शाम सुहानी

लौट कर न आई वो शाम सुहानी,
जिसमें थी इक तेरी कहानी,
कहानी के बारे में क्या ही बताए,
सोचते है अब,
ख़ामोश ही रह जाए,
चलो छोड़ो..
एक किस्सा तुम्हें सुनाते ही जाए।

बात है उस अल्हड़ जवानी की,
जिसमें तू राजा था,
मैं एक रानी थी,
सच पूछो तो...
बस इतनी सी कहानी थी,
जो लौट कर न आई,
वो ऐसी शाम सुहानी थी।

जिसमें थी बात,
तेरे मेरे आशियाने की,
जहां शाम को आकर,
कोयल गुनगुनाती थी,
सच कहूं तो,

वो सुन्दर सी कहानी थी,
वो ऐसी एक शाम सुहानी थी।

29. रात का अफसाना

रंग बदलती रात है,
रंग बदलते जज़्बात है।

ये अधूरी सी प्रेम कहानी है,
जिसमें इश्क़ की जलती आग है।

वो बड़बोली सी लगती है,
वो मासूम से उसके जज़्बात है।

वो महखाने में बैठा हुआ सोचता है,
वो शायद मेरे ही लिए बेताब है।

वो रंग भरी रात में ,
इक तू ही तो अनसुना सा ख्वाब है।

तू इश्क़ की वो रात है,
जो बिन मौसम बरसात है...
जो बिन मौसम बरसात है...

स्याही और कलम

30. पहली बारिश

वो पहली बारिश में हम तुम जब टकराए थे,
मुझे याद है,
याद है मुझे आज भी तेरा वो मेरे लड़खड़ाते हुए कदमों
को संभालना।

मेरे लड़खड़ाते कदमों को संभलना और,
वो धीमी धीमी बारिश में दो दिलों का धड़कना,
वो धड़कते हुए दिलों का एहसासों को समझना,
आज भी याद है मुझे,
याद है वो तेरा मुझे प्यार से देखना।

याद है मुझे तेरा प्यार से देखना और,
वो बारिश की बूंदों में सिसकते हुई सांसे,
यूं सांसों का एक दूजे में उलझना,
याद है मुझे,
याद है तेरा वो मेरे बिन बोले ख्यालों को समझना।

वो बारिश में न जाने क्या कसक सी थी,
कि हम हम न रहे,
तुम तुम न रहे।

याद है मुझे,
याद है आज भी वो पल तेरा मुझे थाम लेना और मेरा
तुझे हार देना,
याद है मुझे आज भी वो पल।
याद है मुझे आज भी वो पल।

31. तुमने पुकारा नहीं

तुमने पुकारा भी नहीं,
क्यूं किया कोई इशारा भी नहीं,
भीड़ में तन्हा खड़े थे हम,
क्यूं तुमने हमें निहारा भी नहीं।।

तुमने हमें पुकारा भी नहीं...

ख़ामोश सी सांसें लिए,
हम महफ़िल ए जाम पीते रहे,
तुमने महफ़िल में आकर,
हमारा नशा उतारा नहीं।।

तुमने हमें पुकारा भी नहीं...

हर महफ़िल में हम,
ज़िक्र तेरा करते है,
फिर मेरे बारे में तुमने,
किसी को बताया क्यूं नहीं।

तुमने हमें पुकारा भी नहीं...

तुम्हें कोई गम दे हम,
ऐसा तो कभी हमारा,
इरादा भी नहीं,
कोई कहें तुम्हें बेवफ़ा,
"मेरी जान" ये भी तो हमें गवारा नहीं।

तुमने हमें पुकारा भी नहीं...

इश्क़ के समंदर में नाव उतारी थी हमने,
फिर न जाने क्यूं उसका किनारा नहीं,
गोते खाती है आज भी बीच मझधार में,
लगता है उसका भी कोई सहारा नहीं।

तुमने हमें पुकारा भी नहीं...

32. शहर की इस भीड़ में

बेबाक सी भीड़ में,
यूहीं चलते जा रहे है,
थकते भी नहीं हम,
चलते जा रहे है...

शहर की इस भीड़ में...

बिखरे रिश्तों को समेट कर,
ओर बिखेरते जा रहे है,
भीड़ भाड़ की इस दुनिया में,
बिना थके चले जा रहे है।।

शहर की इस भीड़ में...

कभी अपनों से अपनों के लिए,
कभी बेगानों से बेगानों के लिए,
दिन रात लड़ते जा रहे है।।

शहर की इस भीड़ में...

कभी ख्वाबों को पीछे छोड़,
तो कभी ख्वाबों के लिए,
आसुओं को पिये जा रहे है।।

शहर की इस भीड़ में...

जिस्म के दर्द को,
दिल में दबा कर,
आखों में अश्क छुपा कर,
होंठों पर मुस्कान लिए जा रहे है।।

शहर की इस भीड़ में...

33. गुलाब सी मोहब्बत

बहुत समय के बाद संभलें है,
तू फिर से न बिखेर मुझे।
गुलाब सी मोहब्बत फिर से न मांग मुझसे।।

बड़ा तलबगार हो जाता है दिल मेरा,
जब सामने तू चला आता है,
एक इल्तिज़ा है तुझसे,
गुलाब सी मोहब्बत न अब फिर से मांग मुझसे...

गुलाब की तरह खिलते थे कभी,
पंछियों की तरह मिलते थे कभी,
आज वो मंज़र गुज़र गया है।
तू दूर से ही निहार मुझे,
गुलाब सी मोहब्बत न अब फिर से मांग मुझसे...

बिन बोले सब सुनाते थे मुझे,
आज एक शब्द भी न कहते हो मुझसे,
तू ज़रा देख एक दफा मुझे फिर से....
मगर...
गुलाब सी मोहब्बत न अब फिर से मांग मुझसे...

हर नज़्म में सजदा आज भी तेरा है,
मेरी बिखरी ज़िन्दगी में हिस्सा आज भी तेरा है,
तेरी दी हुई डेयरी में लिखते है तुझे,
मगर ...
गुलाब सी मोहब्बत न अब फिर मांग मुझसे...

वो गुलाब जो तुमने कभी दिया था मुझे,
महकना भूल गया है,
तेरी ही दी हुई डेयरी में,
कहीं गुम सा गया है...
इसीलिए...

वो खिलते गुलाबों वाली मोहब्बत हमारी,
अब फिर से मांग मुझसे...

34. भटका दिया ज़िन्दगी ने मुझे

खता किए बिना ही
हर सज़ा है हमने पाई,
हर क़दम हर राह पर,
झूठ से जिसने दोस्ती निभाई...

भटके हुए ज़िन्दगी में हमने,
हर सांस उधारी पाई,
हर दिन हर सुबह में हमने,
दोस्ती से ही मात है खाई...

कुछ सोचा न हमने
न जाना कुछ अनजाना,
सच्चे रिश्तों से बढ़कर
हमने दोस्ती को जाना,
फिर हमने ख़ाक है पाई...

ख़ाक में मिलकर
ख़ाक हो जायेंगे,

झूठे रिश्तों की छांव में
सच्ची दोस्ती निभायेगें,
क्या खूब हमने की कमाई
क्यूं भटकी हुई ज़िन्दगी,
हमने है पाई...

35. ख़्वाब सँभाले हमने ऐसे

आसमान की छांव में,
शांत झील के पास में,
कोयल कोई गीत सुनाए,
जैसे किसी बाग में।

ख़्वाब संभाले हमने ऐसे...

दीपक के संग बाती है जैसे,
चांद के संग चांदनी जैसे,
नींदों में है ख़्वाब है ऐसे,
रातों में है जुगनू जैसे।

ख़्वाब संभाले हमने ऐसे...

सोहबत करते है हम दिन रात ऐसे,
आया फिर होंठों पर तेरा नाम जैसे,
तू दूर है या है मेरे पास,
मुझे हुआ तेरे इश्क़ का बुखार जैसे।

ख़्वाब संभाले हमने ऐसे...

पंछी बुनते हो अपना घर कैसे,
छोटा सही मगर रब जैसे,
तिनका तिनका बुनते है,
उनमें ही हो उनकी खुशियां जैसे।

ख़्वाब संभाले हमने ऐसे...

सफ़र ए ज़िन्दगी

36. अंधेरें रास्तों का सफ़र

अंधेरें से सफ़र में चलते जा रहे है,
कभी खुद को तो,
कभी रास्तों को खोजते जा रहे है,
अंधेरी सी उस रात में,
हम सपनों को पंख दिए,
उड़ते जा रहे है।

खोज का परिणाम न सोच रहे है हम,
बस मंज़िल को जिये जा रहे है,
कभी अपनी तो,
कभी बेगानी सी,
ज़िन्दगी जीये जा रहे है,
अंधेरों के उस सफ़र को,
दिल में लिए हुए,
नई राह का चुनाव किए जा रहे है।

बहुत कश्मकश है,
तन्हां से इन रास्तों पर,
फिर भी हम कदम बढ़ाए जा रहे है,
अब तलाश है तो,
एक धुंधला सफ़र ख़त्म होने की,

फिर भी हम रास्तों को,
अपना बनाए चले जा रहे है,
अंधेरें से इन रास्तों को,
जीवन शैली बनाए जा रहे है...

अँधेरे रास्तों का सफ़र हम जिए जा रहे है....

37. ज़िन्दगी इतनी आसान न थी मेरी

लड़खड़ाते हुए क़दमों से,
इक राह नई बनानी थी,
हर राह जो मुश्किल लगती थी,
वो राह आसान बनानी थी।

ज़िन्दगी इतनी आसान न थी मेरी...
मगर ज़िन्दगी खुशहाल बनानी थी...

खुशियों को राह बनाकर,
मैं आगे बढ़ती जाती थी,
दर्द दिल में दबा कर,
हर क़दम सहमी सी उठाती थी।

ज़िन्दगी इतनी आसान न थी मेरी...
मगर ज़िन्दगी खुशहाल बनानी थी...

हर रात सहमी रात थी मेरी,
हर सुलझन में उलझी रात थी मेरी,
कभी हंसी में अश्कों का सैलाब छुपाती थी,
कभी खुद अपने ही चेहरे पर नक़ाब बनाती थी।

ज़िन्दगी इतनी आसान न थी मेरी...
मगर ज़िन्दगी खुशहाल बनानी थी...

कभी खुद को ही खुद की पहचान न थी मेरी,
होंठों से बयां हो जाऊं ऐसी बात न थी मेरी,
चुपचाप सी रहती थी,
आवाज़ न थी मेरी।

ज़िन्दगी इतनी आसान न थी मेरी...
मगर ज़िन्दगी खुशहाल बनानी थी...

रूठी हुई खुशी मुझे वापिस लानी थी,
कभी खुद को झूठ बोल कर,
तो कभी सच्चाई बताती थी,
अपने चेहरे की रंगत को हर आईने में झांकती थी।

ज़िन्दगी इतनी आसान न थी मेरी...
मगर ज़िन्दगी खुशहाल बनानी थी...

38. मुझे अपने रंग में ही जीना है

अपने रंग में जीना है,
गम ए हिजर ये पीना है।

दूर रह कर पास हुए थे,
अब पास आकर दूर होना है।।

मुझे अपने रंग में ही जीना है....

खुद से किया जो वादा था,
इस बार पूरा करना है।

तन्हा ही सही मगर,
ये मंज़र पूरा करना है।।

मुझे अपने रंग में ही जीना है....

कभी अपने तो कभी बेगाने है,
इस दिल की बस्ती बसानी है।

गुमनाम गलियों को नाम देना है,
उनमें फिर से रंग भर देना है।।

मुझे अपने रंग में ही जीना है....

खुद में खो कर खुद का होना है,
अब न उन तन्हा रातों में रोना है।
अनसुनी कहानियां बहुत दोहरा ली,
अब मुझे कहानियों को हक़ीक़त करना है।।

मुझे अपने रंग में रंग भरना है....

39. थोड़ी सी मनमानी कर लूं

दिल ने चाहा आज कुछ कर लूं,
फिर सोचा...
क्यूं न मनमानी कर लूं,
दुनियादारी को पीछे छोड़,
क्यूं न ज़िन्दगी में रंग ही भर लूं।

थोड़ी सी मनमानी कर लूं...

नीले आकाश में,
हौसलों की उड़ान लिए,
क्यूं न पतंग की भांति मैं उड़ लूं,
बुलंद कर हौसलों को अपने,
अपनी ख्वाहिशों को मुकम्मल कर लूं।

थोड़ी सी मनमानी कर लूं...

समझदारी को पीछे छोड़,
थोड़ी खुद में नादानी भर लूं,
क्यूं न अपनी हरकतें थोड़ी,

मैं भी आज बचकानी कर लूं।

थोड़ी सी मनमानी कर लूं...

बहुत पैर जमा लिए ज़मी पर,
क्यूं न आज...
पंख लिए उड़ान आसमानी कर लूं।

थोड़ी सी मनमानी कर लूं...

बहुत सुना है दुनिया से,
क्यूं न आज मैं भी सुना लूं,
लोगों के झूठे नज़रिए से,
क्यूं न आज नज़र मिला लूं।

थोड़ी सी मनमानी कर लूं...

जो ज़िन्दगी ये मुझे मिली है,
क्यूं न उसे सतरंगी कर लूं,
थोड़ी सी मनमानी कर लूं...

दिल जो चाहे लिखना तुझे,
क्यूं न कागज़ कलम लिए,
तुझे एक नज़्म कर लूं।

• 91 •

थोड़ी सी मनमानी कर लूं...

40. सपने देखती है रात

आंखों में धुंधले ख़्वाब लिए,
सपनों की सौगात लिए,
सपनों सी है हर इक रात।।

सपने देखती है रात...

दिन में जगा कर,
देर तक भगा कर,
पूरी करते हम हर बात।।

सपने देखती है रात...

जब शाम है ढलने को आती,
अपने संग चांदनी है लाती,
चांद की आगोष की बात।।

सपने देखती है रात...

ए शायरा...
न बुन सपने आधी रात में,
हाथों में कलम क़िताब लिए,
करती है फिर चांद से बात।।

सपने देखती है रात।।

41. सफ़र अकेले करना है

हर सफ़र अकेले करना है,
हर राह अकेले बनानी है,
अब ज़िन्दगी की घड़ी को,
थोड़ा और तेज़ करना है।

सफ़र अकेले करना है....

थमते हुए क़दमों में,
थोड़ा तो हुनर अब भरना है,
ज़िन्दगी के सफ़र को,
बहती नदी सा करना है।

सफ़र अकेले करना है....

कुछ सवाल जो अधूरे है,
उनके जवाबों को ढूंढना है,
तन्हाई भरी शाम को,
अब रंगों में बदलना है।

सफ़र अकेले करना है....

कभी राह मुनकिन बनाकर,
आसमान को छूना है,
खुले आसमान में फिर,
पंछी की भांति उड़ना है।

सफ़र अकेले करना है....

पंछियों से क़दम मिलाकर,
पर्वतों सा मज़बूत बनना है,
पर्वतों से मिल कर,
फिर खुद को परिचित करना है।।

सफ़र अकेले करना है....

42. आने वाला कल

आने वाला कल,
यकीनन ख़ूबसूरत होगा,
मंज़र उस दिन का,
यकीनन सुंदर होगा।

आने वाला कल बेहद ख़ूबसूरत होगा...

कभी तराशते थे,
ख़ुद को जिस आइने में,
वो आइना भी,
बेहद क़रीब होगा।

आने वाला कल बेहद ख़ूबसूरत होगा...

जो देखा है ख़्वाब,
इन आंखों ने मेरी,
उन आंखों का ख़्वाब भी,
तब मुकम्मल होगा।

आने वाला कल बेहद खूबसूरत होगा...

बड़ी बेचैन सी रहती है,
जो सांसें मेरी,
फिर उनमें भी एक,
तराशा हुआ मंज़र होगा।

आने वाला कल बेहद खूबसूरत होगा...

जो आने वाला कल होगा मेरा,
यकीनन...
किसी ख़्वाब से कम न होगा।।

आने वाला कल बेहद खूबसूरत होगा...

Midnight Thoughts

चांद तारों की बात न कर ए ज़िन्दगी,
मुझे जीने को खुला आसमान चाहिए।

इस वीरान सी पड़ गई ज़िन्दगी में,
मुझे हौंसलों की ऊंची उड़ान चाहिए।

खुशियां भले ही न हो ज़िन्दगी में,
मगर अब न अश्कों की वो बौछार चाहिए।

इस ज़िन्दगी को जो अब मैं जी लूं जी भर,
फिर अंत में मुझे एक मुकम्मल मौक़ाम चाहिए।।